Lo que es más grande que cualquier cosa?
(Infinito)

por David E. McAdams

Copyright © 2015. Life is a Story Problem LLC. All rights reserved. No part of this work may be copied, stored or transmitted by any means without the express written consent of the copyright holder.

Todos los derechos reservados. Ninguna parte de esta obra puede ser copiada, almacenada o transmitida por cualquier medio sin el consentimiento expreso y por escrito del propietario del copyright.

Otros libros de David E. McAdams

Colores de Loros – Introducción para los niños de colores en el mundo natural. Para preescolares.

Colores de las flores – Introducción para los niños de colores en el mundo natural. Para preescolares.

Formas – Una introducción visual a formas geométricas. Para niños de 4-7.

Números – Una introducción al concepto de números. Para los grados K-2.

Lo que es más grande que cualquier cosa? (Infinito) – Una introducción al concepto de infinito. Para los grados 3-6.

Conjuntos de columpios – Una introducción a la teoría del conjunto. Para los grados 2-4.

Kit de actividades de aprendizaje con dinero – Aprenda grandes números y contando con más de $1,000,000 en dinero de juego.

Mis fractales favoritos (tomos 1, 2) – Libros ilustrados de fractales maravillosos presentados como imágenes de alta resolución. Para todas las edades.

Los primeros millones de dígitos de Pi – Los primeros millones de dígitos de Pi. Para todas las edades.

Desarrollos des poliedros - Libro del proyecto – 80 desarrollos des poliedros para copiar, cortar y grabar en cinta adhesiva en poliedros tridimensionales. Para edades de 9 años en adelante.

Para una lista actualizada, consulte www.demcadams.com.

¿Qué tan grande es grande?

Lo que es más grande que cualquier cosa? - 1

¿Eres grande?

Lo que es más grande que cualquier cosa? - 2

¿Eres grande al lado de una rata?

¿Eres grande al lado de un elefante?

Lo que es más grande que cualquier cosa? - 4

¿Quién es más grande, usted o su papá?

Lo que es más grande que cualquier cosa? - 5

¿Qué es más grande, tu papá o una casa?

Lo que es más grande que cualquier cosa? - 6

¿Qué es más grande, una casa o una ciudad?

¿Qué es más grande, una ciudad o el mundo?

Lo que es más grande que cualquier cosa? - 8

¿Qué es más grande, el mundo o el sistema solar?

¿Qué es más grande, un sistema solar o una galaxia?

Lo que es más grande que cualquier cosa?

El infinito significa más grande que cualquier cosa.

¿Puedes contar hasta 5?

Lo que es más grande que cualquier cosa? - 13

¿Puedes contar uno más que cinco? Seis es uno más que cinco.

1 2 3 4 5 6

¿Puedes contar uno más que seis? Uno más de seis es siete.

$$6+1=7$$

Usted siempre puede contar 1 más que cualquier número.

Lo que es más grande que cualquier cosa? - 16

Arquímedes dijo: "Siempre hay un número más."

Lo que es más grande que cualquier cosa? - 17

No hay último número, porque siempre hay un número más.

Lo que es más grande que cualquier cosa? - 18

Puesto que no hay último número, los números son infinitos.

El infinito significa más que cualquier número que se pueda imaginar.

¿Te imaginas suficientes tortugas para cubrir el mundo entero? Infinity es más que eso.

Lo que es más grande que cualquier cosa? - 21

¿Te imaginas cuántas estrellas hay en cien mil millones de galaxias? Infinity es más que eso.

Lo que es más grande que cualquier cosa? - 22

El infinito significa más que cualquier número.

Actividad de aprendizaje:

¿Qué tan grande es el infinito?

1. Tome un pedazo de papel y un lápiz. Comience a escribir dígitos numéricos en el papel.

2. ¿Cuántos dígitos numéricos se puede escribir en un pedazo de papel?

3. Cada dígito tiene el número más grande. Si usted escribió dígitos numéricos en el papel por un día entero, ¿sería infinito?

4. No importa cuántos dígitos se escribe, no sería infinito.

Créditos fotográficos:

Niño con regla: Geo Martinez.
El hombre hijo de medición: Paul Hakimata.
Rata en el hombro de la muchacha: Oleg Kozlov.
Muchacho en la trompa de un elefante: Josef Muellek.
Papá e hija: Dana Fry.
Hombre con una escalera: Anne Kitzman.
Casas victorianas: Aaron madera.
Tierra: NASA Goddard Space Flight Center.
Sistema solar: NASA / JPL.
Vía Láctea: GSFC.
Jets: Svetlana Tebenkova.
Seis cifras: Ioannis kounadeas.
Marbles: Dmitry Sunagatov.
Arquímedes: Artista desconocido.
Sopa Número: Alexis Puentes.
Número túnel: Ioana Davies.
Perlas infinitas: Anne Kitzman.
Tortuga que lleva el mundo: Stasyuk Stanislav

www.ingramcontent.com/pod-product-compliance
Lightning Source LLC
Chambersburg PA
CBHW081504070526
44586CB00019B/2479